门楼图（局部） 甬道前端墓门上方门墙

Details of Gate Tower

Front Wall above the Tomb Gate, End of the Corridor

门楼图（局部） 甬道前端墓门上方门墙

Details of Gate Tower

Front Wall above the Tomb Gate, End of the Corridor

门楼图（局部） 甬道前端墓门上方门墙

Details of Gate Tower

Front Wall above the Tomb Gate, End of the Corridor

此局部可见门楼的勾栏样式。勾栏整体风格简洁，在盆唇和地栿之间仅用一根短柱作为隔断。短柱两侧未用华板，里外通透镂空。这种勾栏形制较为少见。

门楼图（局部） 甬道前端墓门上方门墙

Details of Gate Tower

Front Wall above the Tomb Gate, End of the Corridor

门楼图（局部） 甬道前端墓门上方门墙

Details of Gate Tower

Front Wall above the Tomb Gate, End of the Corridor

门楼图（局部） 甬道前端墓门上方门墙

Details of Gate Tower

Front Wall above the Tomb Gate, End of the Corridor

门楼图　甬道前端墓门上方门墙

Gate Tower

Front Wall above the Tomb Gate, End of the Corridor

画中所绘木结构建筑门楼，面阔三间，单檐庑殿顶，出檐深远。正脊两端各有一个向上倒卷的巨大鸱尾，侧脊前端有两个黑色的兽面脊头瓦。正脊、侧脊、侧墙、门前栏杆上可见黑色尖桃形器物，形制基本相同，大小错落有致。瓦垄之间，板瓦和筒瓦排列清楚；筒瓦尽头处都有黑色阴影，或为瓦当。正脊之上的中间位置，绘制有一朵向上的莲花和莲蕾，又形似一莲花形束腰火坛。两旁是两个身形高大的振翅朱雀。

门楼设有三门，较宽的正门分为两扇，较窄的两个侧门仅有一扇。门前有走道，两侧设栏杆。栏杆内用蓝、白两色方砖铺砌地面。正门紧闭，门上中部有两个硕大的兽面铺首，铺首上下共有四排三十二枚乳钉。侧门上也有相同样式的铺首和乳钉。两侧门外侧各有一位头梳双髻的年轻侍女，短靴长裙，胸前皆有半透明的长方形纱状物。侧门半启，门内各有两位年轻女子。

门楼建筑的立柱、斗拱、额枋、门槛等皆为朱色，斗拱、额枋极为复杂。在斗拱和额枋间，张挂一层菱形细网，可能是为阻止鸟雀进入建筑内部。斗拱六朵，四朵位于柱头，两朵位于转角，无补间铺作。斗拱下方采用双柱并立，柱头每两朵斗拱构成一组斜拱。栌斗与柱间无普拍枋，柱间无阑额，柱下不见柱础，栌斗呈皿斗形态。栌斗之上出华拱两跳，华拱拱臂前端砍成劈竹形。这是目前发现的最早的“双柱式”斜拱结构图像资料。

此门楼图以直观的艺术形象，展示出北朝时期木结构建筑的形制结构与材料构件，是迄今发现的最早、最完备的北朝“营造”，在中国古建筑史上具有不可估量的价值和意义。

将士出行图（局部） 墓道东壁第三层

Details of the Ceremonial Guards in Departure Parade

Third Level of the East Side Wall, Entry Ramp

此局部绘有四名将士。

左一头戴黑色风帽，胡子稀少，目视前方，正与前人交谈。他身穿红色翻领窄袖长袍，下穿白色裤子，足蹬黑色软鞋。身体左侧挂一豹皮弓囊，装一黄色长弓。腰部右侧挂着一个精美箭箙，内插羽翎长箭，似有套罩着。其左手下垂，右手在胸前。

左二头戴深红色卷沿风帽，络腮胡子，侧身回顾。他身穿浅色圆领窄袖长袍，下穿白色裤子，足蹬黑色软鞋。身体左侧挂一貂皮弓囊，内装一白色长弓。腰部右侧挂着一个灰色箭筒，口部装饰黄穗。其左手下垂，右手搭在箭筒口部。

左三头戴黑色风帽，络腮胡子，目视前方，似与前人交谈。他身穿白色翻领窄袖长袍，下穿白色裤子，脚着深红色高靿靴。身体左侧挂一深红色弓囊，内装一白色长弓。腰部右侧挂着一个精美箭箙，内插五支羽翎长箭。其左手扶弓囊，右手翘起。

左四头戴黑色风帽，胡须稀少，侧身回顾。他身穿白色圆领窄袖长袍，下穿白色裤子，脚着黄色高靿靴。身体左侧挂一深红色弓囊，内装一白色长弓。腰部右侧挂着一个暗色的箭筒，口部中空，不见内插长箭。其左手扶弓囊，右手向下抓箭筒上部。

将士出行图（局部） 墓道东壁第三层

Details of the Ceremonial Guards in Departure Parade

Third Level of the East Side Wall, Entry Ramp

此局部绘有三名将士。

左一身形瘦高，头戴黑色风帽，胡须较多，侧身回顾，身穿红色圆领窄袖长袍，下穿白色裤子，足蹬深红色软鞋。他身体左侧挂一深红色弓囊，装一灰色长弓，腰部右侧挂一精美箭箙，内插六支黑色带羽长箭。其左手自然在前，右手下扶箭箙。

左二头戴黑色风帽，目视前人，身穿黄色翻领窄袖长袍，内着灰色内衣，下穿白色裤子，足蹬黑色靴子，靴口为深红色。他身体左侧挂一弓囊，装一灰色长弓，腰部右侧挂一宽体红色箭箙，内插七支黑色带羽长箭。

左三头戴黑色风帽，胡须不多，侧身回顾，身穿白色圆领窄袖长袍，下穿黄色裤子，足蹬深红色软鞋。他身体左侧挂一弓囊，内装一白色长弓，腰部右侧挂着一个暗色的箭筒，口部中空，装饰黄穗。其左手扶弓囊，右手向下抓箭筒上部。

将士归营图（局部） 墓道西壁第四层

Details of the Ceremonial Guards in Return Parade

Fourth Level of the West Side Wall, Entry Ramp

将士归营图（局部）　墓道西壁第四层

Details of the Ceremonial Guards in Return Parade

Fourth Level of the West Side Wall, Entry Ramp

此局部绘有将士四人。

左一面朝前方，胡须不多，头戴灰色折上巾，巾下有白色发罩，身穿黄色翻领窄袖长袍，内着白色内衣，下穿白色裤子，系棕色革带，腰部左侧佩带一把黑色刀鞘。其左手握刀柄，右手甩在前面。

左二目视前方，几绺胡须向前飘拂，头戴灰色折上巾，身穿淡红色圆领窄袖长袍，下穿白色裤子，脚着黄色靴子，系棕色革带，腰部右侧佩带一把黑色刀鞘，用细绳系在腰部革带上。其左臂向前弯曲，右手握刀柄，边走边与前者交谈。

左三胡须较少，头戴灰色折上巾，身穿白色翻领窄袖长袍，内着黄色内衣，下穿黄色裤子，足蹬黑色软鞋。腰系黑色革带，腰部左侧佩带一把黑色刀鞘，露黄色刀柄，刀柄上部有一圆孔，系有红色皮环，腰部右侧插一马鞭。其左臂弯曲胸前，右手垂在腹部。

左四面朝右侧，山羊胡子，头戴灰色折上巾，身穿黄色翻领窄袖长袍，内着白色内衣，下穿白色裤子，脚着白沿棕色靴，系棕色革带，腰部左侧佩带一把黑色刀鞘。其左手握刀柄，右手自然下垂。

将士归营图（局部） 墓道西壁第四层

Details of the Ceremonial Guards in Return Parade

Fourth Level of the West Side Wall, Entry Ramp

猛虎下山（局部） 墓道西壁第四层

Details of Tiger Descending the Mountain Scene

Fourth Level of the West Side Wall, Entry Ramp

画中山林间，一只猛虎威风凛凛，正弓身沿着山麓缓步下行，身后长尾下曳。细看之下，黑色线条勾勒简洁，虎身红黑斑纹错落，虎口中似衔着一物。

将士出行图（局部） 墓道西壁第三层

Details of the Ceremonial Guards in Departure Parade

Third Level of the West Side Wall, Entry Ramp

将士出行图（局部）　墓道西壁第三层

Details of the Ceremonial Guards in Departure Parade

Third Level of the West Side Wall, Entry Ramp

此局部绘有将士二人。

左一身材高瘦，留着胡须，头戴山字形灰色风帽，上穿红色翻领长袍，系棕色腰带，下穿黄色裤子，脚蹬黑鞋。他腰部左侧挂一豹皮弓囊，内插白色长弓，腰部右侧挂一箭箙。其左手自然下垂，右手搭在箭箙上部。

左二身材瘦高，低首垂目，山羊胡子前翘，头戴灰色风帽，上穿黄色翻领长袍，内着红色内衣，系棕黄相间腰带，下穿白色裤子，脚着棕沿黄色靴。他腰部左侧挂一棕色弓囊，内插黄色长弓，腰部右侧挂一箭箙，内插一排羽翎长箭。其右手自然下垂，左手放在长弓中部。

将士出行图（局部） 墓道西壁第三层

Details of the Ceremonial Guards in Departure Parade

Third Level of the West Side Wall, Entry Ramp

此局部绘有三名将士。

左一瘦长脸，留胡须，头戴灰色笠帽，沿边有穗，帽下系带，上穿白色翻领窄袖长袍，领口露出里面红色内衬。其腰系白色腰带，下穿白裤，脚着黄沿棕色靴，边行边看。他腰部左侧挂一黄色弓囊，内插白色长弓，左手握长弓上部，右臂前伸，腰部右侧似挂一刀鞘，口部露出黄色刀穗。

左二头戴灰色风帽，上穿红色翻领长袍，腰系棕色腰带，下穿白色裤子，脚蹬棕色软鞋，边行走边回头。他腰部左侧挂一棕色弓囊，内插白色长弓，左手握长弓中部，右手甩臂向前，右侧挂一箭箙，内排列十余支长箭，箭头羽翎似被罩着。

左三身材强壮，头戴灰色风帽，上穿圆领豹纹半袖长袍，腰系灰色腰带，下穿黄色裤子，脚着棕沿黑色靴。他腰部左侧挂一黄色弓囊，内插黄色长弓，左手握长弓中部，右手扶腰部右侧的箭箙边沿。

将士出行图（局部）　墓道西壁第三层

Details of the Ceremonial Guards in Departure Parade

Third Level of the West Side Wall, Entry Ramp

此局部绘有将士四人。

左一貌似胡人，头戴胡帽，上穿黄色翻领窄袖长袍，腰系灰色腰带，下穿白裤，脚着白沿棕色靴。他腰部左侧挂一豹皮弓囊，内插白色长弓，左手甩在后面，右手扶右侧的箭箙，迈步前行。

左二头戴灰色风帽，上穿红色翻领窄袖长袍，腰系灰色腰带，下穿白色裤子，脚蹬棕色软鞋，腰部左侧挂一虎皮弓囊，内插白色长弓，腰部右侧挂一箭箙，内排列十余支白色羽翎长箭。他左手上伸，打着手势，扭身与后边之人交谈，右手甩臂向前。

左三头戴灰色风帽，上穿棕色长袍，脱下左袖，缠在腰间，亮出左膀，下穿白色裤子，脚着白边棕色靴，一边走一边交谈。其腰部左侧挂一豹皮弓囊，内插黄色长弓，腰部右侧挂一黑色箭箙，内排列十余支白翎长箭。他左手前伸，右手上举，似握一鞭杆。

左四瘦脸，尖下巴，络腮胡，头戴灰色风帽，上穿白色翻领窄袖长袍，腰系棕色腰带，下穿虎皮裤，脚蹬黑色软鞋，边行边看。其腰部左侧挂一红色弓囊，内插黄色长弓，腰部右侧挂一箭箙，内插密密一排白翎长箭。他左手握着长弓中部，右臂自然下垂。

将士出行图（局部） 墓道西壁第三层

Details of the Ceremonial Guards in Departure Parade

Third Level of the West Side Wall, Entry Ramp

此局部绘有四名将士。

左一身材粗壮，浓眉大眼，头戴灰色风帽，上穿圆领虎皮半袖长袍，腰系黄色腰带，下穿白色裤子，脚着棕红色高靿靴。他腰部左侧挂一黄色弓囊，内插未弯曲的白色长弓左手握弓囊上部，右手扶于长弓头部。

左二深目高鼻，胡须浓密，似为胡人，头戴灰色风帽，上穿红色半臂长袍，腰系白色腰带，下着白色裤子，脚蹬棕色软鞋。他腰部左侧挂一红色弓囊，上有虎纹装饰，内插未弯曲的黄色长弓，左手握长弓中部，右手弯曲在胸前。

左三身材中等，一双剑眉，胡须稀少，头戴黄红色搭配的卷沿风帽，上穿白色翻领窄袖长袍，内套红色圆领内衣，腰系红色腰带，下着白裤，脚穿棕色高靿靴。他腰部左侧挂一红色弓囊，内插黄色长弓，左手扶长弓中部，右臂向上弯曲，五指叉开。

左四身材中等，山羊胡，头戴黑色风帽，身穿浅色圆领内衣，似将白色长袍上部脱下，系在腰部，下着虎皮长裤，脚蹬棕色软鞋。他腰部左侧挂一红色箭箙，内插一排羽翎长箭，腰部右侧挂一黄色弓囊，内插一把似外加包裹的黄色长弓，粗壮醒目，左手握着箭箙上部，右臂前伸。

狩猎图（局部） 墓道东壁第二层

Details of the Hunting Scene

Second Level of the East Side Wall, Entry Ramp

狩猎图（局部） 墓道东壁第二层

Details of the Hunting Scene

Second Level of the East Side Wall, Entry Ramp

画面中两个骑马猎者，一前一后，夹击一头站立的大熊。前者穿浅棕袍，骑红马，腿右侧挂一箭囊，双手握一杆旗矛，回身刺向后边的大熊。后者身穿窄袖红袍，头戴风帽，胯下一匹白马，腿右侧挂一箭囊，左手举弓，右手拉弦，箭在弦上，直指中间的大熊。不远处有两头熊和一头小兽，另有一只猎狗紧随两位骑者。

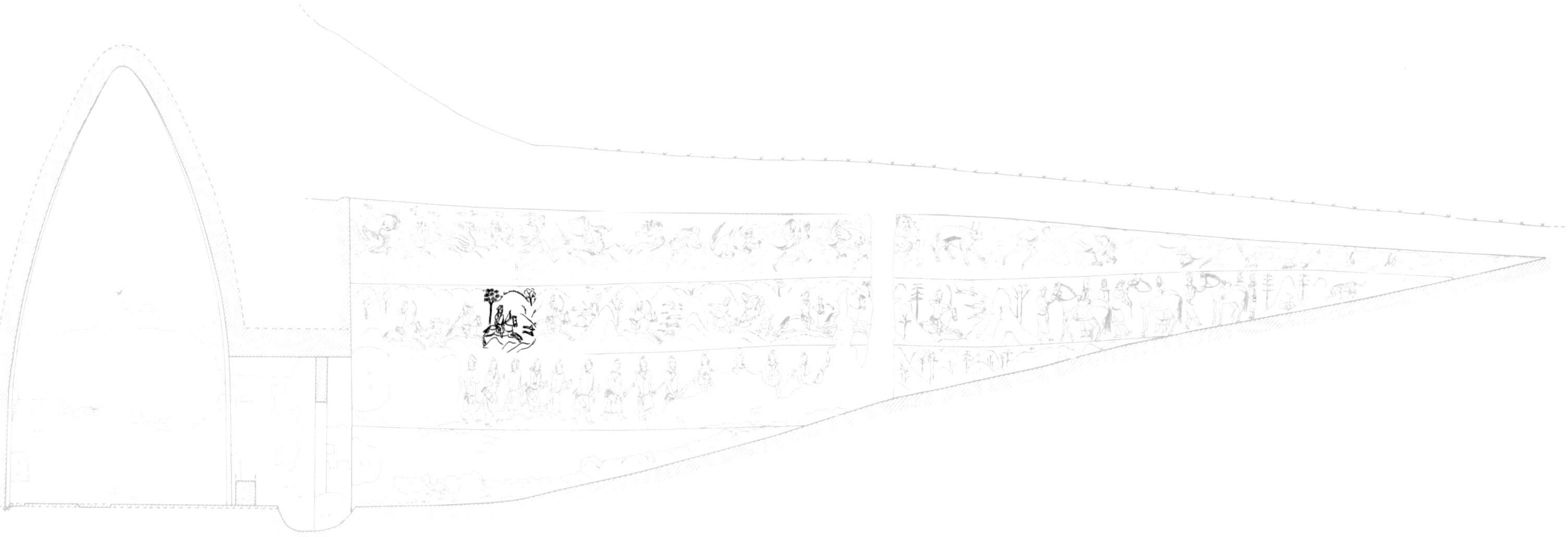

狩猎图（局部） 墓道东壁第二层

Details of the Hunting Scene

Second Level of the East Side Wall, Entry Ramp

画面中人物着白衣，骑白马，戴红色小帽，左手握弓，右手伸向悬挂在腰部右侧的红色箭囊，信手拈出一支长箭，抽出一半。在箭囊下，附带有一个小囊袋，内插一杆状物，尾部是三根黑色的长羽毛，不像是马鞭，可能是鸣镝或其他特殊箭矢。

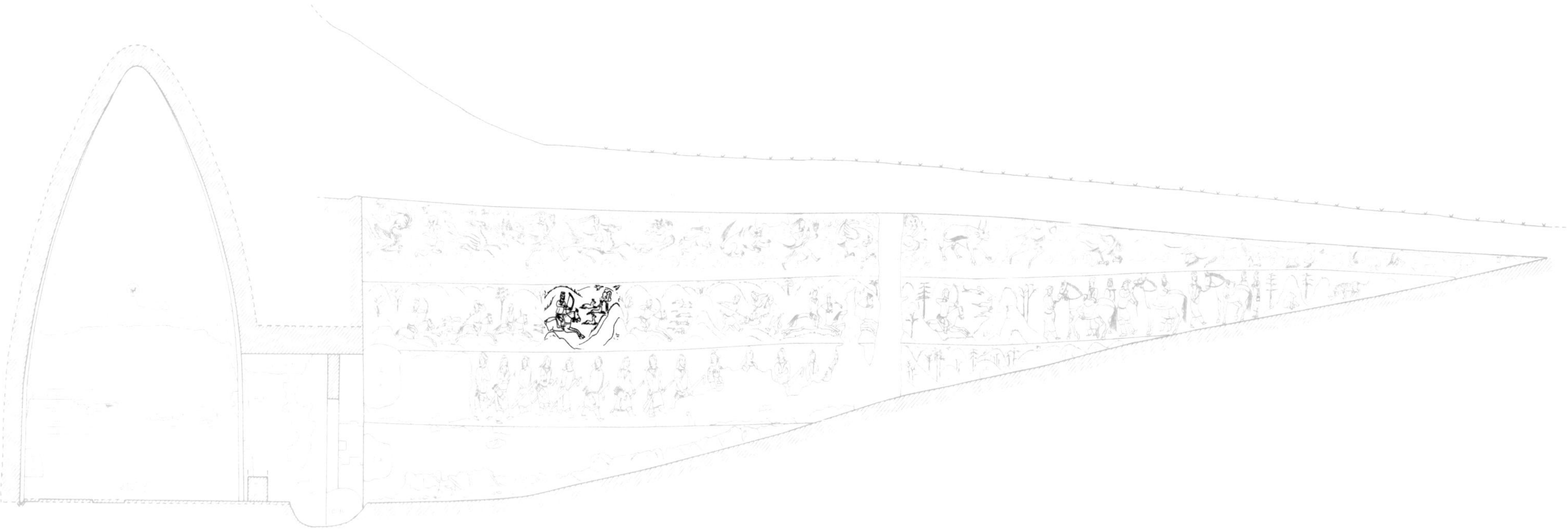

狩猎图（局部）　墓道东壁第二层

Details of the Hunting Scene

Second Level of the East Side Wall, Entry Ramp

画面中人物身穿红色翻领窄袖长袍，骑一匹白马，追赶三只惊慌失措的大鹿。他左手持弓，右手正把一支箭搭在弓弦上，准备拉弓放箭。

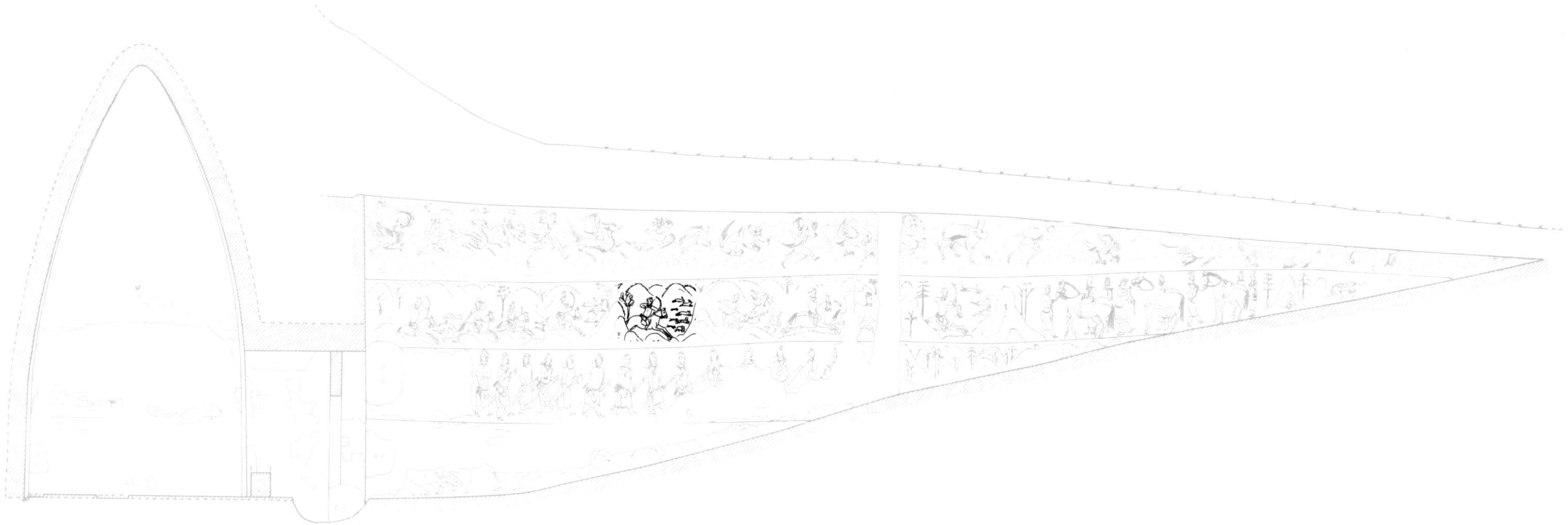

狩猎图（局部） 墓道东壁第二层

Details of the Hunting Scene

Second Level of the East Side Wall, Entry Ramp

画面中人物骑着一匹红马，脚踏马镫，头扎黑色便帽，帽下有带，在下颌下系紧。他身穿白色窄袖翻领长袍，左手持弓，右手拉满弓弦，箭在弦上，腰部右侧悬挂一个箭囊，内插一排白羽长箭。

狩猎图（局部） 墓道东壁第二层

Details of the Hunting Scene

Second Level of the East Side Wall, Entry Ramp

在山间一片空地，三个徒步猎手正在围杀一头熊。左一人身穿红色窄袖圆领长袍，腰部右侧挂一箭囊，左侧挂一弓囊，双手持一杆带缨长矛，刺向在地上翻滚的大熊。中间一人身穿黄色翻领窄袖长袍，未悬挂弓箭，双手持长矛，盯着大熊。右侧一人身穿白色长袍，腰佩黄色刀鞘和黑色短剑，弯腰跨步，举刀劈熊。三位猎手戴着不同颜色、不同式样的小帽，均穿无鞦便鞋。

狩猎图（局部） 墓道东壁第二层

Details of the Hunting Scene

Second Level of the East Side Wall, Entry Ramp

在图中，骑士头戴红帽，身穿红色窄袖长袍，腰部右侧悬一箭囊，骑着一匹黄色骏马，右脚悬空，马镫吊在前面。背景处山峦叠嶂，有高矮树木点缀其间。

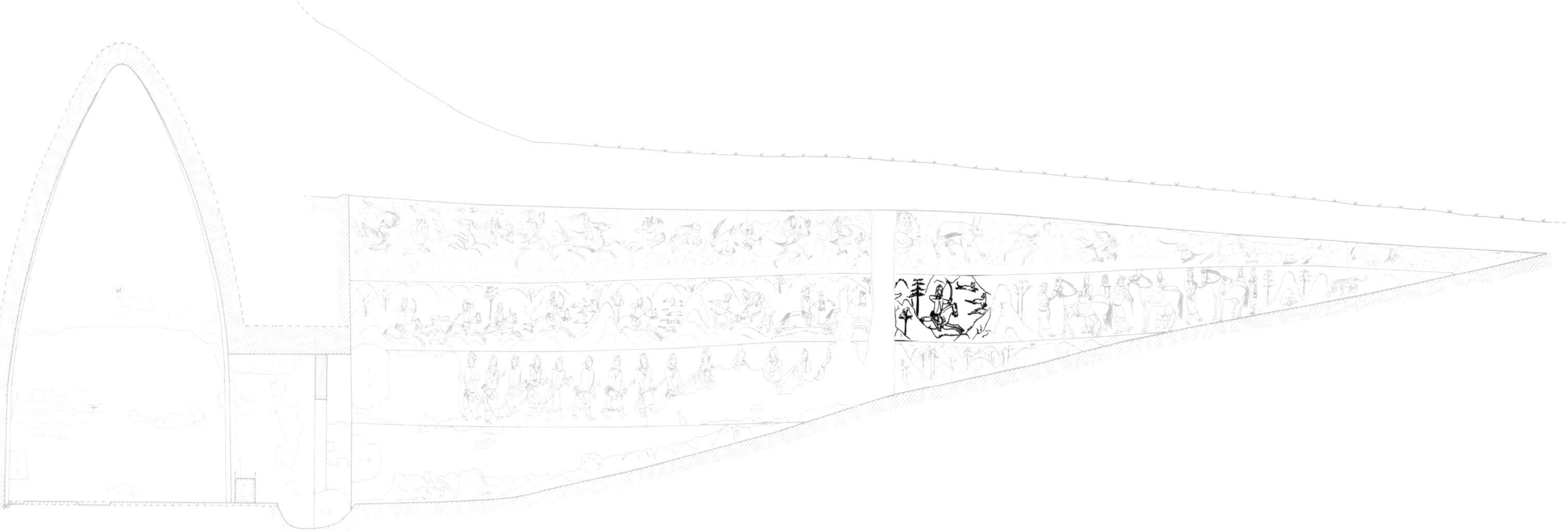

狩猎图（局部） 墓道东壁第二层

Details of the Hunting Scene

Second Level of the East Side Wall, Entry Ramp

此局部描绘了骑士逐虎、鹿的画面。壮年骑士左手持弓，右手拉满弓弦，箭在弦上，追逐着虎和鹿。他身骑白马，着白色窄袖翻领长袍，脚穿红色高靿靴，下踏马镫，头扎黑色便帽，帽下有带，在颔下系紧，腰部右侧悬挂一个箭囊，内插一排黑羽长箭。值得注意的是，在箭囊下方有一个平行的细长囊袋，内插一物，似为鞭杆。

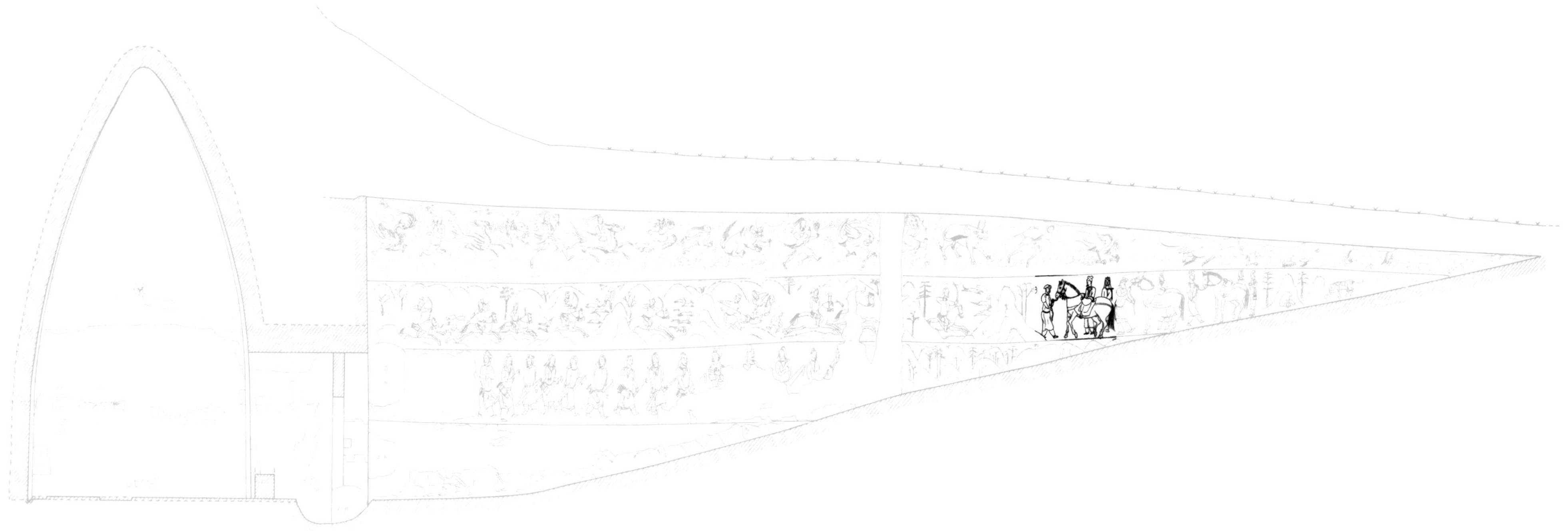

备马出行图（局部） 墓道东壁第二层

Details of the Horseback Parade Preparation Scene

Second Level of the East Side Wall, Entry Ramp

此局部三人一马。左侧男子牵马，马身内侧站立着两名男子，其中一人肩挎胡床。马匹身体健硕，比例匀称，鞍鞯简洁，前有暗红色攀胸，背安黑色鞍桥、红色鞍垫、深红色白边方形障泥，下悬马镫。

备马出行图（局部） 墓道东壁第二层

Details of the Horseback Parade Preparation Scene

Second Level of the East Side Wall, Entry Ramp

两人一马。左侧一人戴头冠，裹头巾，上身穿浅色圆领内衣，外罩短袖衫，扎有花纹装饰的红色腰带，下着阔口有褶裤，足蹬麻练鞋，双手牵马缰绳。马匹昂首张嘴，似受到惊扰。另一人身材瘦高，站立于马内侧，头戴黑色长裙帽，身穿浅赭色衫子，足蹬红色高靿靴。

备马出行图（局部） 墓道东壁第二层

Details of the Horseback Parade Preparation Scene

Second Level of the East Side Wall, Entry Ramp

狩猎图（局部） 墓道西壁第三层

Details of the Hunting Scene

Third Level of the West Side Wall, Entry Ramp

丘林之间，一位年轻骑士正放鹰逐兔。骑士面容清秀，头扎黑色长巾，身穿红色翻领窄袖长袍，腰束黑带。他骑着黄色骏马，脚尖蹬着马镫，左手牵缰，右手前伸，身上无任何兵器。马的前方有奔跑的野兽，还有一只挣扎着的灰色兔子，黄褐色大鹰一爪紧按在兔子背上，一爪撑地，回首望着主人。

狩猎图（局部） 墓道西壁第二层

Details of the Hunting Scene

Second Level of the West Side Wall, Entry Ramp

画中前方骑者脸庞清瘦，留有胡须，头戴红黄色小帽，帽有细带，系在颔下，内穿红色圆领内衣，外穿浅灰褐色窄袖翻领长袍。他左手握弓，弓上无箭，右手牵缰，似乎已射出一箭，骑着一匹白色骏马，脚踏马镫。在其侧后，还有一骑，骑者椭圆形脸庞，眉浓眼亮，神情淡定，胡须稀少，头扎淡灰色绸巾，内穿白色圆领内衣，外穿红色窄袖翻领长袍，策马前行。腰部左侧挂一弓囊，弓仍插在囊内，右侧从箭囊中露出一排灰色箭羽。所骑白色骏马马步较小，还是未投入狩猎的状态。

狩猎图（局部） 墓道西壁第二层

Details of the Hunting Scene

Second Level of the West Side Wall, Entry Ramp

狩猎图（局部）　墓道西壁第二层

Details of the Hunting Scene

Second Level of the West Side Wall, Entry Ramp

此局部绘有慌张奔逃的两头鹿，其中一鹿背侧中箭，血流不止，后有一白马骑士紧追不舍。骑者头扎灰色绸巾，椭圆形脸庞，眉浓眼亮，神情淡定，胡须整齐，身穿红色窄袖长袍，腰部左侧挂一个弓囊，右侧挂一个箭囊，仅露出一排箭羽。他上身略倾，左手握弓，右手拉弦，箭在弦上，准备放箭。

狩猎图（局部） 墓道西壁第二层

Details of the Hunting Scene

Second Level of the West Side Wall, Entry Ramp

画中一中年男子纵马疾冲于山林之间。他椭圆形脸庞，广额丰颐，浓眉大眼，胡须清晰，头戴风帽，身穿浅蓝色窄袖袍，腰部左侧挂一红色箭囊，内插一排羽箭。所骑红色骏马鞍鞯、缰辔齐全。男子右手持一张大弓，左手拉弦，箭搭弓上，气定神闲，目不转睛，正瞄准前方的野猪、羚羊、山羊等奔逃的野兽，引弓欲射。前方一只猎犬协助驱逐猎物。画中一只羚羊已被射中一箭，中箭处鲜血浸染。

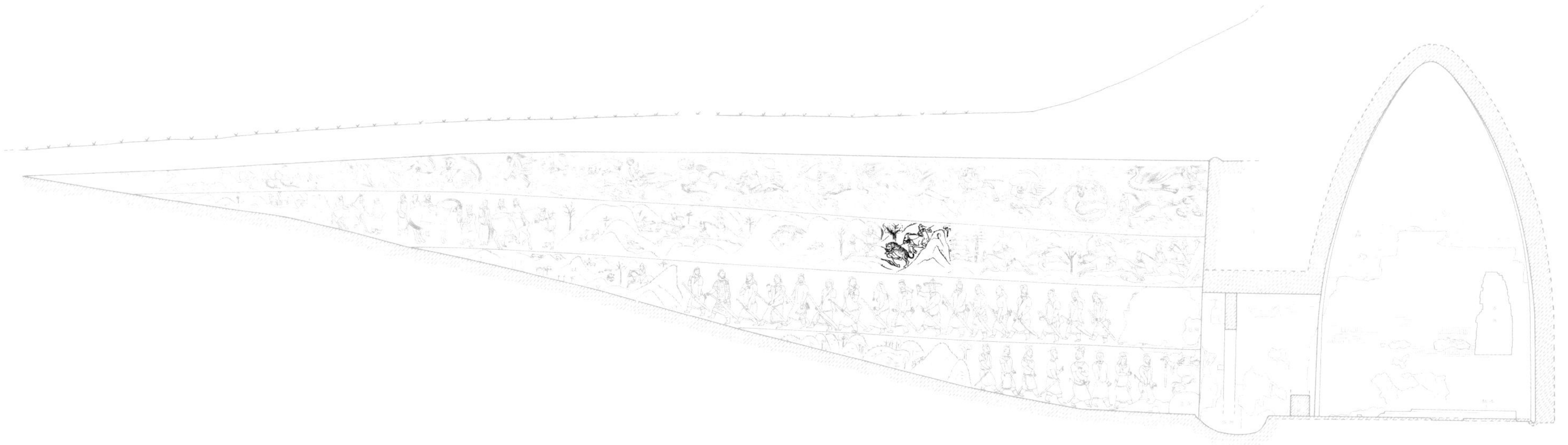

狩猎图之猎虎图（局部） 墓道西壁第二层

Details of Tiger Hunting, the Hunting Scene

Second Level of the West Side Wall, Entry Ramp

狩猎图之猎虎图　墓道西壁第二层

Tiger Hunting, the Hunting Scene

Second Level of the West Side Wall, Entry Ramp

山林之间，两人正在骑马猎虎。两骑一前一后，前一人为中年男子，头扎灰色绸巾，椭圆形脸庞，眉毛浓黑，眼睛明亮，双鬓弯曲上卷，脸颊两侧有修理整齐的髯须，唇上有髭，下颏有三绺胡子，身穿白色窄袖长袍，脚蹬棕红色短靿皮靴。其腰部左侧挂一棕红色弓囊，腰部右侧悬佩一箭囊，露出一排箭羽。所骑白色骏马鞍鞯、镫辔齐全，但鞍桥不明显。他脚悬于马镫之外，左手持一张拉满的大弓，五指握弓，食指与小指仅是虚靠弓弣，劲道集中在掌心，意气安闲。弓上搭一支带羽长箭，指向后方一头扑向马背的猛虎，正欲射箭。后一骑紧随其后，头扎灰色绸巾，较为清瘦，粗眉大眼，胡须浓密，穿红色窄袖长袍，双手紧握一杆带矛头的黄色长条旗帜。他骑着一匹鞍鞯、镫辔齐全的白色骏马，急追上来，将旗帜倒过来，矛尖直刺虎背。两马之间的猛虎，黄色斑斓，呈站立状，虎尾倒卷，挥舞着前爪，已经抓住前骑马尾。

此幅画面描绘的返身射虎射法是一种高超的狩猎技艺，在西方被称为“安息射”。这种射法表现出了猎者的勇敢无畏。在太原隋代虞弘墓图像和波斯银盘中，可见返身射狮的图像。

狩猎图之熊虎相搏图　墓道西壁第二层

A Bear Fighting a Tiger, the Hunting Scene

Second Level of the West Side Wall, Entry Ramp

此局部表现了熊虎相搏的画面。在山林之间，一熊一虎正在搏斗，猛虎扑在熊背上，张开大口，咬住熊的尾部。山间一侧，两只小熊在旁边蹲坐，侧首四顾，好像眼前发生的一切与它们毫无关系。

狩猎图（局部） 墓道西壁第二层

Details of the Hunting Scene

Second Level of the West Side Wall, Entry Ramp

画中骑士头扎绸巾，较为清瘦，粗眉大眼，胡须浓密，穿白色窄袖长袍，着红色高靿靴。他右手牵缰，左手握一杆黄白色相间的旗帜，旗头有一矛头，旗帜朝下，旗杆朝上。腰部左侧挂一深棕口沿的黄色弓囊，内插未挂弦的长弓。所骑白色骏马鞍鞯、镫辔齐全。骑士的脚未踏入马镫。

狩猎图（局部） 墓道西壁第二层

Details of the Hunting Scene

Second Level of the West Side Wall, Entry Ramp

画面中左侧群鹿奔逃，后一中年男子紧追。他椭圆形脸庞，浓眉凤眼，胡须清晰，头戴黑色宽沿笠帽，身穿窄袖红袍，脚蹬黑色短靿皮靴，腰部左侧挂一白色深棕边的箭囊，内插三支箭。所骑黄色骏马鞍鞯、缰辔齐全。他左足尖踏于环形马镫中，右手持一张大弓，左手拉弦，箭搭弓上，瞄准前方奔跑的小鹿，气定神闲，目不转睛，肘平臂直，引弓欲射。

狩猎图是北朝骑马民族喜好狩猎的真实写照，对研究北朝军队训练方式和装备有重要价值。从佩带弓箭和张弓射箭的细节看，或在左，或在右，可能是构图需要：面向右的骑者右边佩箭，面向左的骑者左边佩箭。观察墓道壁画可知，狩猎基本方式是围歼，往往是成组进行，两人或三人一组，或前后夹击，或围而阻杀；对小动物则以追杀为主。每组成员互相照应，有引诱者，有攻击者，体现了协同作战的特点。

画面近景和远景处山峦起伏，林木舒朗，一般情况下，三两棵稍大的树木成为每幅场景的界栏，将一幅大画面自然分割成几个主题片段。

备马出行图（局部） 墓道西壁第二层

Details of the Horseback Parade Preparation Scene

Second Level of the West Side Wall, Entry Ramp

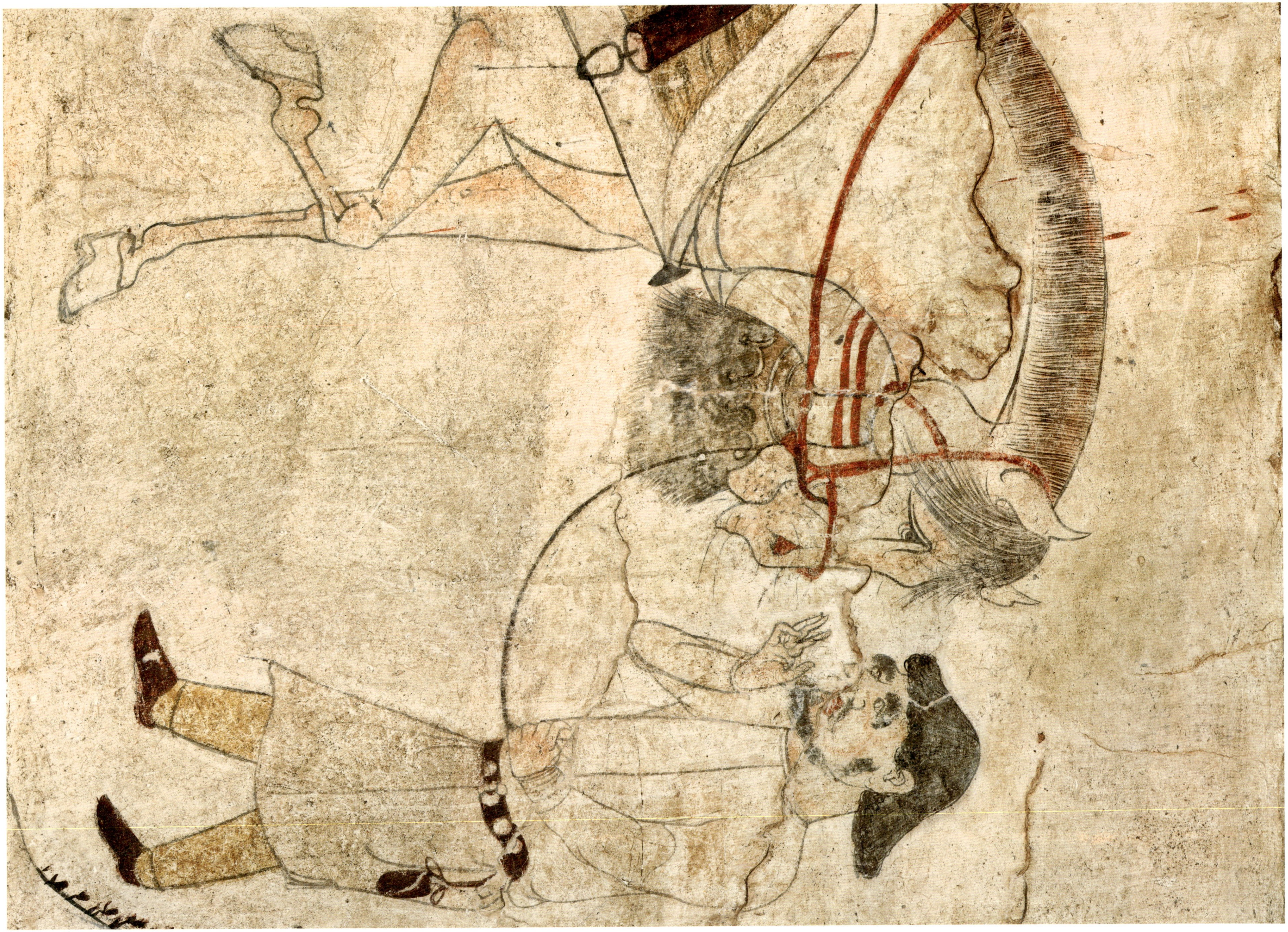

备马出行图（局部） 墓道西壁第二层

Details of the Horseback Parade Preparation Scene

Second Level of the West Side Wall, Entry Ramp

此局部绘有一马三人。牵马者应为胡人，身材略矮，头戴毡帽，高鼻深目，身穿浅色衫子、土黄色裤子，足蹬棕色便鞋。马内侧站立两人，左侧年轻人头戴冠，着棕色便鞋；右侧长者戴长裙帽，足蹬棕红色短靿靴。马匹身形健硕，四肢修长有力，鞍鞯镫俱齐，背上挂虎纹障泥，配黑色鞍桥、红色软垫。

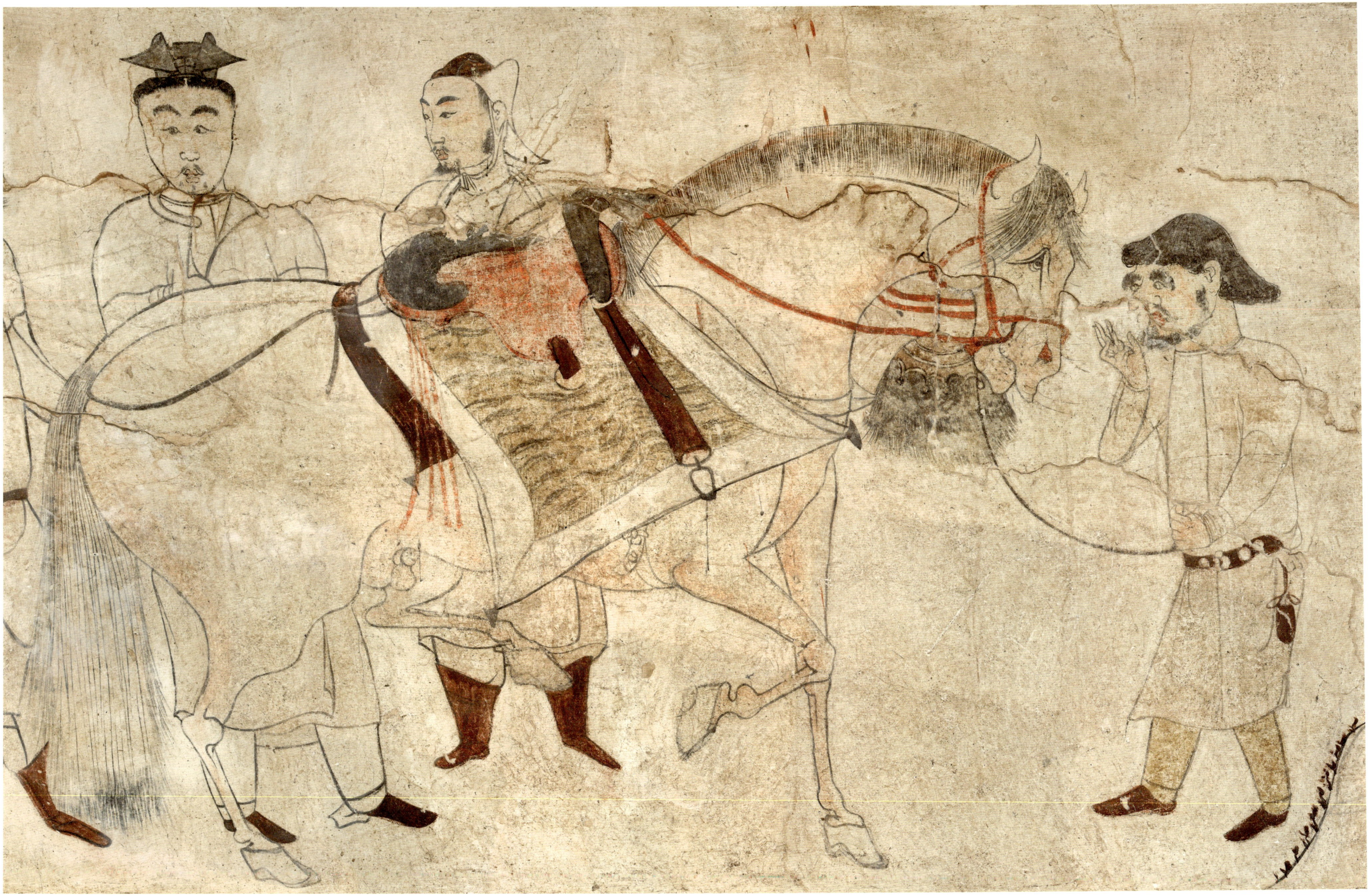

马匹贸易图（局部） 墓道西壁第二层

Details of the Horse Trade Scene

Second Level of the West Side Wall, Entry Ramp

马匹贸易图（局部） 墓道西壁第二层

Details of the Horse Trade Scene

Second Level of the West Side Wall, Entry Ramp

画中四人围绕一马，作交谈状。牵马者头戴冠，着赭色翻领长衫，下穿浅色长裤，蹬黑色鞋。马内侧站立二人。前者应是一位胡人，深目高鼻，卷发浓密，络腮胡，内穿浅色圆领内衣，外罩浅色翻领缺袴长袍。后者头顶已秃，脑后戴冠，长胡须，身穿浅色翻领右衽衫。马匹为灰色，鬃毛齐整，高大健硕，膘肥体壮，四肢修长有力。马背上配黑色马鞍、红色鞍垫、浅黄色障泥，连接马镫的革带亦为红色。马后紧随一人，肩挎小包，头包淡红头巾，是一扮作男装的年轻女子，正扭头看向后边。

马匹贸易图（局部） 墓道西壁第二层

Details of the Horse Trade Scene

Second Level of the West Side Wall, Entry Ramp

此局部绘有二人一马。右边一人手牵缰绳，广额丰颐，弯眉细目，头戴黑色长裙风帽，身穿浅赭色圆领长衫，腰间插着一细棍状物，末端有绳环，似为马策。马后侧跟随一年轻人，似以纱巾罩头，内穿浅色圆领内衣，外罩浅色圆领缺袴长袍。淡红色马鬃毛浓密，高大健硕，膘肥体壮，四肢修长有力，马尾自然下垂。马背上配黑色马鞍、以枣红色镶边的浅色障泥，前有枣红色攀胸，上有圆泡状装饰，连接马镫的革带为红色。

山间鹿图　墓道西壁第二层

Deer in the Mountain

Second Level of the West Side Wall, Entry Ramp

画面中两只鹿在山间悠闲漫步。雄鹿在后方，雌鹿在前方回首张望。

中国古代，鹿普遍存在于北方各地，是贵族和民众日常生活中最主要的狩猎目标，考古出土的北魏狩猎图中，鹿作为狩猎对象，出现频率最高。而猎鹿之事，亦频见于史籍，典故中常见逐鹿中原、群雄逐鹿等成语。

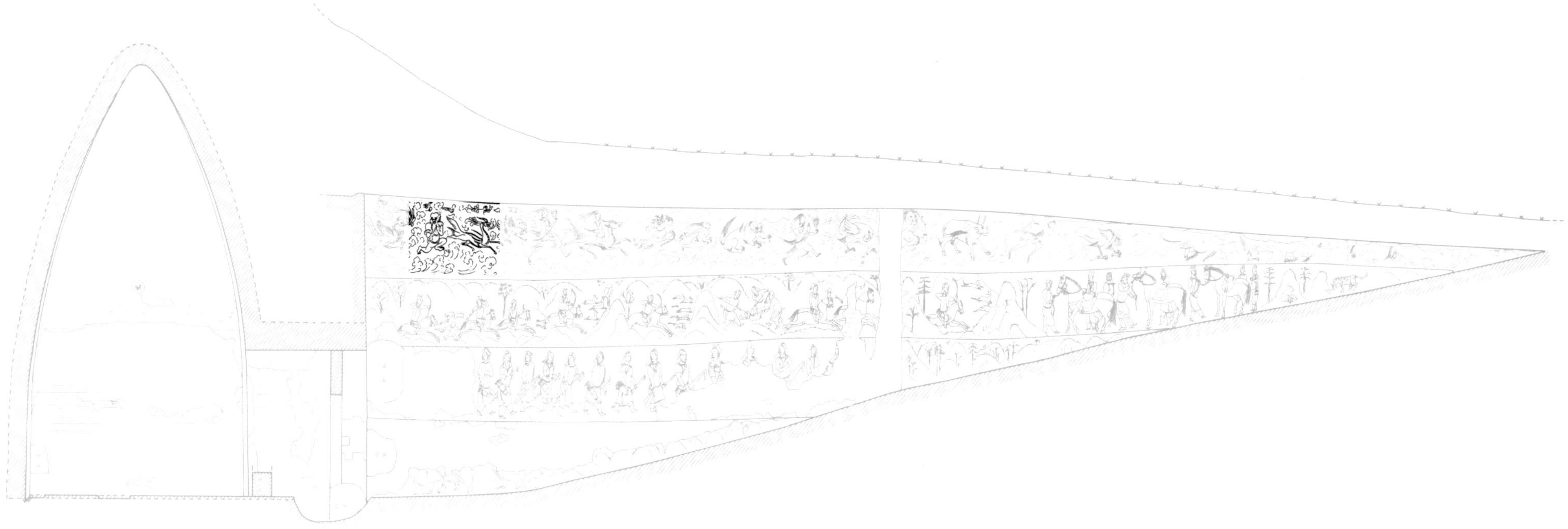

升天图（局部） 墓道东壁第一层

Details of the Ascension Scene

First Level of the East Side Wall, Entry Ramp

左侧一人形怪兽半蹲，耸肩鼓腹，腹部有脐，手尖足利，上身赤裸，下身着赤色短裤，毛发稀疏。其张开血盆大口，獠牙利齿，长舌伸出口外，盘绕于右臂一圈有余，舌上布满斑点状突起。也有学者认为，神怪正吞食一条斑点蛇，蛇的后半身半挣扎半缠绕在怪兽的右臂之上，盖此神怪应为《山海经》中的“疆良”。《山海经》：“大荒之中，有山名曰北极天柜，海水北注焉。……又有神，衔蛇操蛇，其状虎首人身，四蹄长肘，名曰疆良。”右侧一只异兽，首似山羊，头上有角，肋生双翅，身形瘦长，四肢上部有长毛，四蹄狂奔，长尾分叉且后扬。左上方一只禽鸟，振翅翱翔，喙中伸出一物，上饰网状纹样，缠绕于鸟脖颈，似舌，又似口中所衔。禽鸟前方一异兽，状似马首蛇身，蟠屈向前。神怪异兽间遍布祥云纹，赤赭色和蓝色渲染，深浅有别，偶有卷叶花卉纹点缀，描绘了神怪异兽飞赴仙界的奇幻场景。

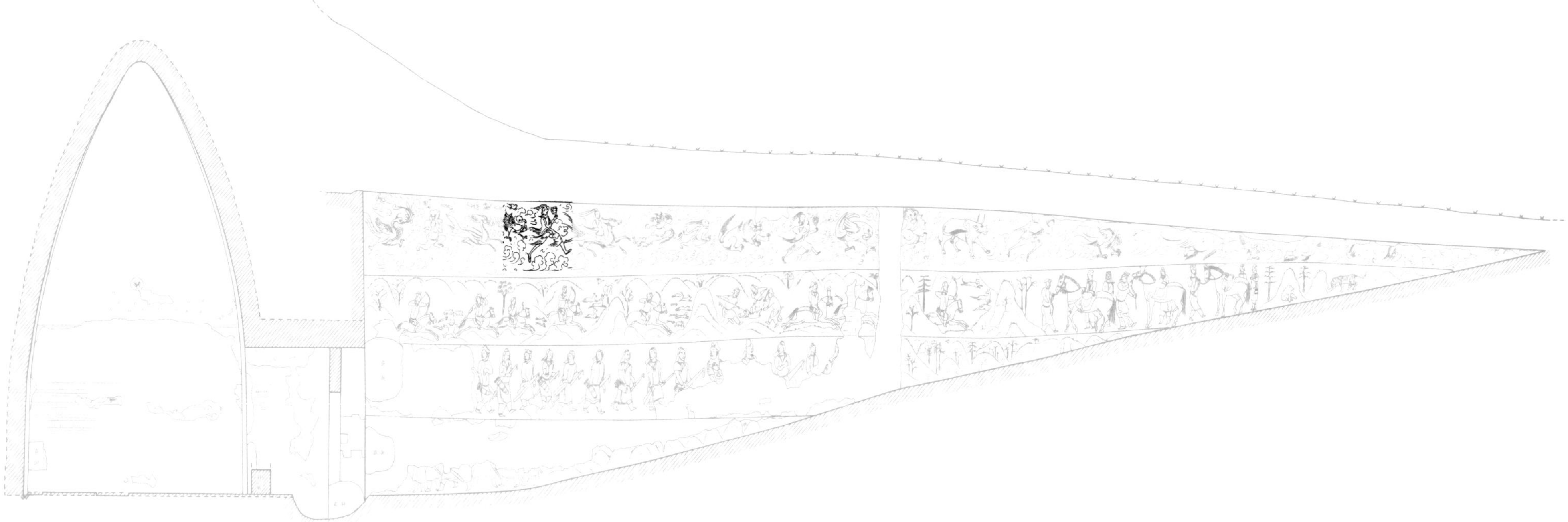

升天图（局部） 墓道东壁第一层

Details of the Ascension Scene

First Level of the East Side Wall, Entry Ramp

右边一人，身形瘦长，头顶秃发，虬髯长须，头上三绺黑色飘带，内着白色圆领内衣，外罩红色窄袖上衣，袖口略宽，腰间系带，下身着浅色齐膝短袴，衣裤边缘、袖口均有流苏状装饰，足蹬黑色无靿薄底鞋。其左手执一把麈尾，阔步急走于云端，冠带、流苏向后飘荡，一副悠然潇洒之态。他扭首回顾，望向后方的一只鸷鸟。这只猛禽身形硕大，刚猛有力，红色长舌从钩喙中探出，盘曲于颈部，也是振翅急走，紧随其后。左上方一只禽鸟，身形较小，向前飞翔。画面上遍布黑色勾边，赤、赭、蓝色渲染的祥云纹，似流云，似波涛，深浅有别。

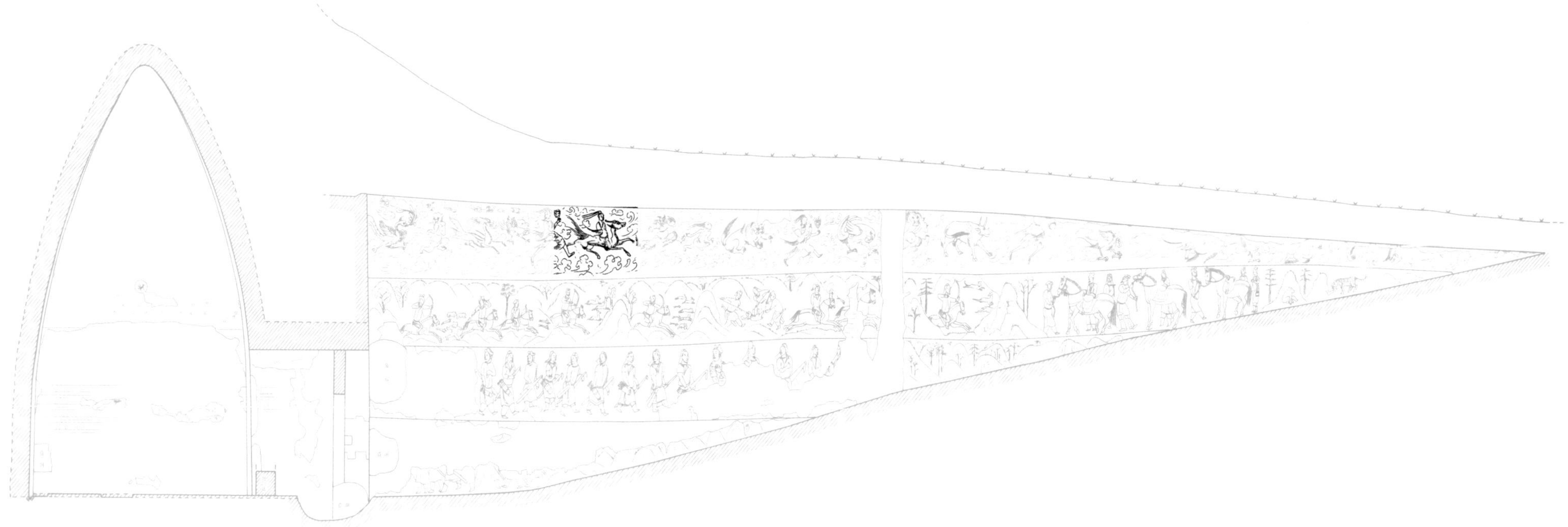

升天图（局部） 墓道东壁第一层

Details of the Ascension Scene

First Level of the East Side Wall, Entry Ramp

画面为一仙人装束的男子，骑于鹿头马蹄凤尾的独角飞龙之上，御风飞行。男子衣带飘举，飞龙四蹄飞扬，急速前奔于云气之间。有学者认为，此图即是墓主人灵魂在飞升途中的写照。

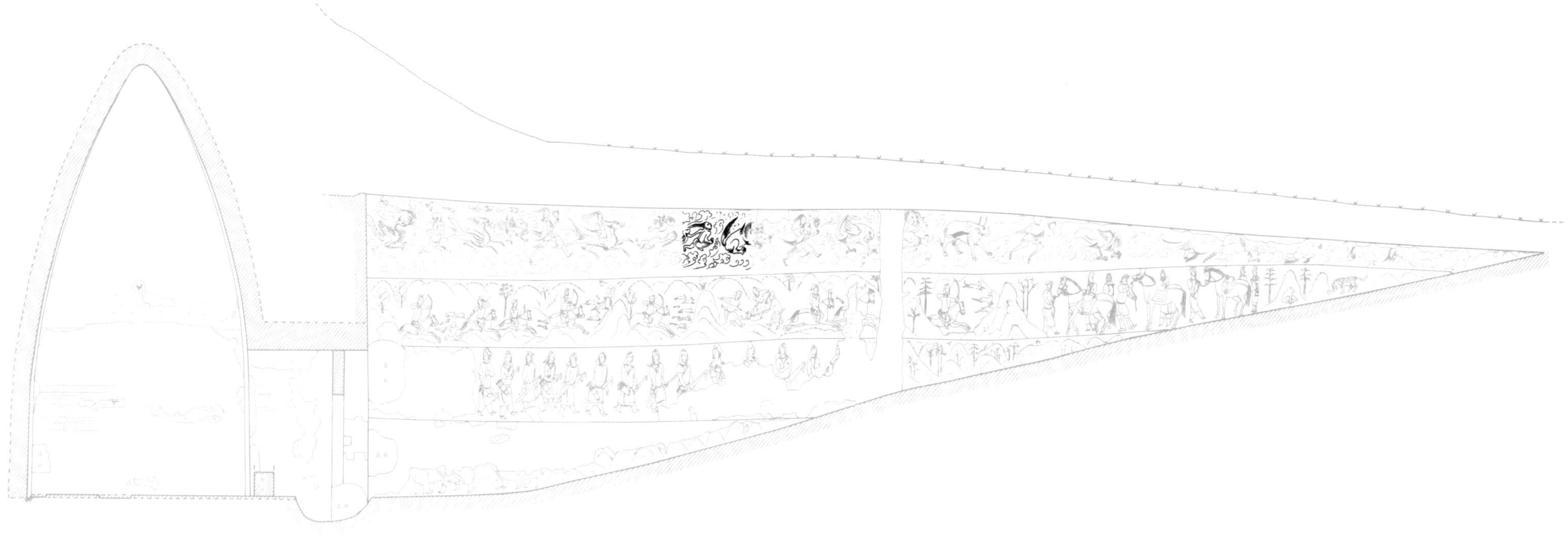

升天图（局部） 墓道东壁第一层

Details of the Ascension Scene

First Level of the East Side Wall, Entry Ramp

画中仙人长发飘逸，浓眉虬髯，高眉弓，表情专注，上身赤裸，下穿赤色三角裤，下肢肌肉发达。其右手持一口袋狂奔于云气之间。有学者认为，他应是善于奔走开道的“风伯”，亦称“飞廉”。南北朝时，其已成为中国神话的主要神祇之一。

升天图（局部） 墓道西壁第一层

Details of the Ascension Scene

First Level of the West Side Wall, Entry Ramp

升天图（局部） 墓道西壁第一层

Details of the Ascension Scene

First Level of the West Side Wall, Entry Ramp

升天图（局部）

墓道西壁第一层

Details of the Ascension Scene

First Level of the West Side Wall, Entry Ramp

画中左上方有一只展翅飞翔的仙鹤，姿态飘逸，口衔瑞草；左下方绘有一匹骏马，口衔老虎，肋生双翅，足踏祥云，四蹄飞奔，可能是《管子》《山海经》中的“驳”。后边紧随一仙人与一神兽。仙人在上，戴小冠，后飘一条黑色长飘带，右手举麈尾，左手抬起作拈花状，穿红色薄衣，着黑色软便鞋，风流自在。

升天图（局部） 墓道西壁第一层

Details of the Ascension Scene

First Level of the West Side Wall, Entry Ramp

此神兽长相与其他畏兽类似。它在奔跑中一手引连鼓十三面，一手持槌击打，极有可能是神话中的“雷神”，亦称“雷公”或“雷师”。《山海经》描述雷神为“龙身而人头，鼓其腹”。屈原的《楚辞·远游》中说：“左雨师使径侍兮，右雷公以为卫”；《楚辞·离骚》中或称其为“雷师”，如“鸾皇为余先戒兮，雷师告余以未具……吾令丰隆乘云兮，求宓妃之所在”。

升天图（局部） 墓道西壁第一层

Details of the Ascension Scene

First Level of the West Side Wall, Entry Ramp

祥云遍布的空中，一只仙鹤正振翅飞翔。它体型硕大，尖喙圆目，长颈弯曲，羽翼丰满，双腿修长。一仙子头梳双丫角，身着薄襦，骑在仙鹤背上。她右手扶着仙鹤脖颈处，左手自然垂置于膝前，神情宁静，似正乘鹤飞升。

升天图（局部） 墓道西壁第一层

Details of the Ascension Scene

First Level of the West Side Wall, Entry Ramp

布满祥云的空中绘有一个光芒四射的太阳。一个短发秃顶的赤身鬼面神人，蹲踞在一头疾奔的兽身蛇尾的怪龙背上，双手捧一水瓶于龙首之上，这应该是“雨师”。怪龙额头有一角，鼻头又生一角，口衔瑞草，臀有火焰宝珠，四足矫健，可能就是传说中的瑞兽麒麟。

墓葬神兽图出现于北魏，流行于东魏和北齐时期，所体现的道教元素较多，佛教元素较少。它们反映出北朝人的生死观念和精神世界，是研究北朝葬俗信仰的重要资料。

升天图（局部） 墓道西壁第一层

Details of the Ascension Scene

First Level of the West Side Wall, Entry Ramp

两只神兽在祥云间前后追逐。前一畏兽龙首人身，扭头回顾，须发浓密，阔口翻鼻，尖牙外露，坦胸鼓腹，下身穿红色宽裆短裤，至膝处扎兽尾状长缚带。后一畏兽样貌与前者略同，亦是肌肉发达，正用力将一座小山扛举过头，据此可以确认此畏兽为“挟石”。

Jiuyuangang Tomb is located about 600 meters northeast of Xiashe Village, Lancun Tow, Xinfu District, Xinzhou City, Shanxi Province. The tomb is a brick tomb with a single chamber and an entry ramp. It faces towards south and consists of three sections: an entry ramp, a corridor and a tomb chamber, running on a south–north axis at a length of more than 40 meters. In 2013, the Shanxi Provincial Institute of Archaeology joined the Xinzhou Municipal Cultural Relics Management Office to form a joint archaeological team to carry out rescue excavations on the tomb. After five months of excavations, dozens of burial objects such as pottery figurines, ceramics, and metal artifacts were unearthed, and about 240 square meters of murals were preserved. Based on the observations of the tomb size and studies on the murals and the unearthed objects, it is speculated that the tomb was constructed during the late Northern Dynasties, namely from the Eastern Wei to the Northern Qi period (534–577). The tomb occupant, it is further speculated, is hardly any average official, but more probably someone belonging to the ruling nucleus of the dynasties. Since the epitaph stone has been stolen, unfortunately, the identity of the tomb occupant may never be uncovered.

Among the cultural relics unearthed in Jiuyuangang, the murals are of the highest value. They are mostly painted on the side walls of the entry ramp and the corridor, front wall above the tomb gate, and inside the tomb chamber. The most exciting works are on the side walls of the entry ramp and above the tomb gate. The murals on the side walls of the entry ramp are divided into four levels from top to bottom, with both sides mirroring each other in themes and compositional structures, but varying in specific content details. The first level is a scene of many celestial immortals and beasts ascending to heaven accompanying the tomb occupant; the second level is an outdoor setting with the northern section depicting a hunting scene, and the southern section of horseback parade preparation; both the two lower levels are painted with ceremonial guards in departure parades. On the front wall above the tomb gate, a wooden structure of tremendous scale and fantastically beautiful details is painted, appearing to be a gate tower. A rare find of its kind, the gate tower mural is a valuable piece of evidence for studying the history of early Chinese architecture.

The tomb scenes depicting the ascension to heaven or turning immortal after death have been found in many Han Dynasty tombs, and largely institutionalized with a relatively stable set of iconographic patterns. After the Wei and Jin periods, the peoples from the northern steppes came and dominated the Central Plains. During this period of extensive cultural exchange, different imaginations of the heavenly world after death from different cultures must have been conflating and coalescing in the process of creating images of ascension to heaven. The ascension scene in the tomb of Jiuyuangang is mesmerizing and spellbinding, with colorfully shaped immortals and celestial beasts hovering around the sky in all kinds of gestures and postures: there are whisk–holding feathered immortals and tiger–devouring equine celestial beasts; the tomb occupant and his spouse dressing like immortals and riding a dragon and a crane, respectively; the wavy–haired wind sack–holding wind god riding a whirlwind, the dragon–riding eye–bulging bare–teethed rain god precipitating downpour, and the thunder god juggling a set of thunder drums with a dazzling play of drumsticks... The whole ascension scene exudes an exotic and grotesque aura of "strangeness among mountain gods and ocean spirits", showcasing the colorful spiritualities of the Northern Dynasties.

Hunting had become a popular sport for entertainment for the nobilities and royal families during the Qin and Han periods. Although the Northern Dynasties rulers advocated farming, as a nomadic people they would not give up their own hunting tradition nonetheless. The Xinzhou area at the time was lushly covered with verdant forests and dotted with grasslands. While tigers, wolves, leopards and bears loomed around in the mountains, herds of cattle, sheep and horses were scattered all over the plains, making the area an ideal place for grazing as well as hunting. Many nomadic tribes used to live here. The hunting scenes of Jiuyuangang Tomb therefore could be seen as an epitome of the Northern Dynasties world. The 70–square–meters scroll like hunting scene is the largest of its kind ever found in China to date, and the extent of its brilliance is a difficult match among similar archaeological discoveries in China. Hunting at the time was not only an activity of subsistence, but also a form of military training. The hunting scene in the Jiuyuangang Tomb communicates a clearly military sense. The soldiers in the mural have many different types of eye–catching clothing, with headgears including hood, rain cap, rolled–brimmed hat, scarf; robes including lapel gown, round neck robe and short–sleeved fur–lined robe; regular pants and leather pants; boots and soft shoes; besides, leather belt is a standard issue for wearing scabbards. The costumes are all clear reflections of the characteristics of the nomadic peoples.

The Jiuyuangang Tomb murals may not brandish the highest level of the Northern Dynasties fine arts, but the painters did follow the artistic traditions at the time, and they also managed to paint as freely as they did realistically, capturing the actions as well as putting everything in place, and showing the distinctive characteristics of the northern peoples. It is a precious piece of pictorial evidence of great significance for studying social life, fine arts and ancient architecture of the Northern Dynasties.

九原岗墓位于山西省忻州市忻府区兰村乡下社村东北约600米处。该墓为带斜坡墓道的单室砖墓，坐北朝南，由墓道、甬道、墓室三部分组成，南北总长40余米。2013年，山西省考古研究所与忻州市文物管理处组成联合考古队，对墓葬进行了抢救性发掘。经过五个月的工作，出土陶俑、陶器、瓷器、金属制品等随葬品数十件，清理壁画约240平方米。经过对墓葬规模、壁画与出土器物的综合判断，该墓年代大体是北朝晚期，即东魏至北齐年间（534—577），墓主人绝非一般的官僚，而是当时政坛的一位核心人物，与统治集团关系密切。但因墓志已经被盗，无法确定墓主的身份。

在九原岗墓出土的文物中，壁画价值最高，主要分布于墓道两侧壁、墓门上方门墙正面、甬道内壁和墓室内壁四周。其中，前二者最为精彩。墓道两侧壁画自上而下共分为四层，左右两侧题材和结构一样，具体内容有别。第一层为众多神仙怪兽伴随墓主升天的图景；第二层北段为狩猎图，南段为备马出行场景；第三层、第四层绘有仪卫队列出行图。墓门上方门墙正面绘有一座规模宏大的木结构门楼建筑。整幅门楼图细节丰富，美轮美奂，是研究中国古代建筑发展史的珍贵资料。

反映死后升天或成仙的图景，在汉代墓葬中已多有体现，并有一套相对稳定的图像模式。魏晋以后，北方游牧民族入主中原，在民族交融的过程中，不同文化对天界的想象必定杂糅在升天图像的创作中。九原岗墓中的升天图绚丽奇幻，多姿多彩，神怪仙灵纷繁各异：有手持麈尾、飞步云端的羽人，其状如马、口食虎豹的驳；有驭龙而行的仙人，骑鹤驰骋的女仙，应为墓主夫妇；有长发飘潇、手持风袋狂奔于云间的风伯，赤身骑龙、努睛露齿作洒水状的雨师，持槌击连鼓的雷公……整幅升天图壁画描绘出一派“杂物奇怪，山神海灵”的瑰丽奇景，展现了北朝人丰富多彩的精神世界。

狩猎在秦汉时期已经成为皇室贵族热衷的娱乐活动。北朝统治者虽倡导农耕，却依然不忘游牧民族狩猎的传统。北朝时期，忻州地区林树葱茏，草甸遍布，虎狼豹熊时有出没，牛羊马群漫山遍野，是放牧畋猎的理想之地。许多游牧部落在此活动。九原岗墓的狩猎图即是此地北朝社会的缩影。长达70平方米的长卷式狩猎图是国内发现的面积最大的北朝墓葬狩猎图，其精彩程度在中国考古发现中十分罕见。狩猎在当时既是生产活动，也是军队练兵的一种形式，九原岗墓中的狩猎图反映的是后者。壁画中军士的服装样式各异，醒目非常，冠饰有风帽、笠帽、卷沿帽、长巾等；身着翻领长袍、圆领长袍或半袖兽皮长袍；裤子有普通长裤和兽皮裤等；足下着靴子、软鞋；此外，每人腰系皮革腰带，佩挂弓箭刀鞘。这些服饰都体现着草原民族的特点。

北朝九原岗墓的壁画虽非北朝绘画的最高水平，但其画工在沿用中原传统画法的同时，又挥洒写实，将画面置于山光水色之中，呈现出北方胡族的鲜明特色。它是非常难得的北朝绘画资料，对于研究北朝社会生活、绘画艺术及中国古代建筑史都具有非同寻常的意义。

图书在版编目(CIP)数据

北朝九原岗墓壁画 / 三晋出版社，山西博物院编 .
——太原：三晋出版社，2023.5
（山西国宝精华）
ISBN 978-7-5457-2436-3

Ⅰ.①北… Ⅱ.①三…②山… Ⅲ.①墓室壁画—忻州
—北齐—图集 Ⅳ.① K879.412

中国版本图书馆 CIP 数据核字（2022）第 254367 号

山西国宝精华·北朝九原岗墓壁画

编　　者：三晋出版社　山西博物院
责任编辑：张　婷　刘玫吟
助理编辑：王　宇　周瑞程
责任印制：李佳音

出版者：山西出版传媒集团　三晋出版社
地　　址：太原市建设南路 21 号
电　　话：0351-4956036（总编室）
　　　　　0351-4922203（印制部）
网　　址：http://www.sjcbs.cn

经销者：新华书店
承印者：北京雅昌艺术印刷有限公司

开　　本：787mm×1092mm　1/8
印　　张：14.5
字　　数：70 千字
版　　次：2023 年 5 月　第 1 版
印　　次：2023 年 5 月　第 1 次印刷
书　　号：978-7-5457-2436-3
定　　价：368.00 元

问弗 NO.14

《山西国宝精华·北朝九原岗墓壁画》编委会名单

编　　者：三晋出版社　山西博物院
出版统筹：莫晓东
摄　　影：厉晋春
撰　　文：姚　香
翻　　译：叶　南
艺术顾问：佟　雨
封面设计：XXL Studio
排版设计：我在文化工作室
出　　品：问弗文化工作室

上架建议：艺术鉴赏
ISBN 978-7-5457-2436-3
9 787545 724363 >
定价：368.00 元

山西國寶精華

JIUYUANGANG TOMB MURALS OF THE NORTHERN DYNASTIES

北朝九原岗墓壁画

三晋出版社 山西博物院 编

山西出版传媒集团
三晋出版社